AF384176

É... ET RÉFORMES DE ...SLATION

DE LA REPRÉSENTATION

PROPORTIONNELLE

DE LA MAJORITÉ ET DES MINORITÉS

PAR

RAOUL DE LA GRASSERIE

DOCTEUR EN DROIT, JUGE AU TRIBUNAL DE RENNES

PARIS

CHEVALIER-MARESCQ, Éditeur

20, RUE SOUFFLOT

1889

DE LA

REPRÉSENTATION PROPORTIONNELLE

DE LA MAJORITÉ ET DES MINORITÉS

Par Raoul DE LA GRASSERIE

Docteur en Droit, Juge à Rennes.

CHEVALIER - MARESCQ, éditeur, 20, rue Soufflot, Paris.

L'auteur passe en revue et critique tous les nombreux systèmes émis pour établir la représentation des minorités, indique pourquoi ils n'ont pas abouti, pose les principes auxquels cette représentation doit satisfaire, et propose enfin un système nouveau qui conduit à un résultat exact, simple et pratique, si l'on admet d'abord le principe de l'unité de collège et celui de la classification des partis, qui en forment les conditions préalables. Dans tous les cas, cette étude contribue puissamment à élucider cette importante et difficile question constitutionnelle.

DOCTEUR EN DROIT, JUGE AU TRIBUNAL DE RENNES

PARIS

CHEVALIER-MARESCQ, Éditeur

20, RUE SOUFFLOT

1889

DE LA REPRÉSENTATION

PROPORTIONNELLE

DE LA MAJORITÉ ET DES MINORITÉS

PAR

RAOUL DE LA GRASSERIE

DOCTEUR EN DROIT, JUGE AU TRIBUNAL DE RENNES

PARIS

CHEVALIER-MARESCQ, Éditeur

20, RUE SOUFFLOT

1889

DE LA REPRÉSENTATION PROPORTIONNELLE

DE LA MAJORITÉ ET DES MINORITÉS

Le système électoral français actuel n'admet que la représentation de la majorité ; les minorités ne conservent quelques représentants que parce que, les collèges électoraux étant multiples et non solidaires les uns des autres, elles peuvent être des majorités dans certaines circonscriptions formant collèges distincts, tout en restant minorités dans l'ensemble du pays. Si l'unité de collège était admise en France en conservant le surplus du système électoral, aucune des minorités n'enverrait un seul député à la Chambre, et comme la majorité peut descendre à la moitié plus un des électeurs votants, comme la minorité peut monter à la moitié moins un, il pourrait se faire que la moitié des Français n'eussent pas de représentants.

Bien plus, comme il existe toujours un écart considérable entre le nombre des votants et celui supérieur des électeurs inscrits, que ceux de ces derniers qui n'ont pas voté peuvent appartenir aux minorités, il en résulte qu'il est possible que la minorité réelle, simple majorité apparente, ne soit représentée par personne, tandis que la minorité réelle, majorité apparente, le sera seule.

Ces résultats, souvent rappelés, sont incontestables.

Mais ne sont-ils pas peut-être justes ?

Dans une assemblée, c'est la majorité, ne fut-elle composée que de la moitié plus un des membres. qui décide. Il le faut bien. La majorité lie la minorité. Dans une assemblée non plus parlementaire, mais primaire, électorale, ne doit-il pas en être de même ?

Non, la position n'a rien de semblable. Dans les pays où la souveraineté du peuple est le principe du gouvernement le peuple, ou plus exactement quoique moins emphatiquement, la nation tout entière doit se gouverner elle-même, et se gouverner directement autant que possible ; elle ne doit le faire par représentants que pour des obstacles de fait s'il lui est impossible d'en agir autrement. Eh bien ! lorsque la nation se gouverne elle-même sans délégation, elle doit se réunir tout entière, et non assembler seulement sa majorité; le contraire serait déclarer l'inégalité, même l'oppression entre concitoyens. la servitude des uns au profit des autres. La minorité a le droit alors non-seulement de voter une décision, ce qui peut n'avoir pas grande importance pratique puisqu'elle est pour ainsi dire d'avance en minorité, mais de discuter, de plaider sa propre opinion, de convaincre la majorité, et par conséquent de devenir sur le point spécial en question majorité d'un jour mais majorité, ce qui était l'essentiel. Eh bien ! lorsque la nation ne peut se gouverner directement, lorsqu'elle doit le faire par délégués, il faut que ce qui devait se passer dans son assemblée plénière puisse se passer exactement de la même façon dans son assemblée réduite, dans l'assemblée de ses délégués. La Chambre des députés doit être pour cela le pays tel qu'il est avec tous ses fractionnements soit politiques, soit territoriaux, mais à une échelle réduite. Autrement la situation serait la même que si sur le forum la majorité du peuple était seule convoquée Sans doute, dans l'assemblée des députés la majorité de ceux-ci l'emportera sur leur minorité, comme la majorité des citoyens sur la minorité dans l'assemblée délibérante populaire ; mais si la majorité du pays était seule envoyée à la Chambre, si la majorité des députés décidait seule ensuite du vote d'une loi, il en résulterait que cette loi serait l'œuvre de la majorité quelquefois simple, dans une majorité elle-même déjà simple, par conséquent l'œuvre d'une minorité du pays, en réalité.

La représentation des minorités s'impose donc en théorie et la rejeter est détruire la souveraineté de la nation et y substituer celle d'une fraction, souvent d'une faction ; mais elle est bien plus nécessaire en pratique, et on peut dire que son exclusion constitue un des plus redoutables dangers qui menacent une démocratie.

Dans un gouvernement monarchique, la monarchie est absolue, sans contrepoids, ou tempérée, contrôlée, soit par une aristocratie puissante et indépendante, soit par une démocratie naissante représentée par une chambre, plus souvent par deux. L'absolue présente les plus grands périls pour le pays qu'elle expose parmi d'autres aventures à des guerres incessantes ; l'autre a cet avantage que procure un contrôle, quelque faible qu'il soit ; on l'avertit des risques qu'elle court, on en avertit le pays surtout, c'est un frein volontaire ou non qui sauve souvent le monarque lui-même.

Dans un gouvernement démocratique, la démocratie de tel ou tel degré, car ce n'est pas toujours la démocratie la plus entière qui est en majorité, est aussi, absolue, sans contrepoids, quand la majorité seule est représentée, elle court alors et fait courir au pays les mêmes dangers que la monarchie, ne recevant jamais aucun avertissement, allant droit devant elle, se livrant à l'ambition des conquêtes, aux spéculations, au trafic d'honneurs et de pouvoirs, à la compression et à l'écrasement des partis contraires ou même seulement différents, cherchant à étouffer la voix même extra-parlementaire de la presse après avoir étouffé celle parlementaire des minorités, sans qu'aucune des résistances dont l'accumulation peut sauver ait été possible. Ce n'est pas seulement le pays qu'un tel gouvernement détruit ; il finit par se détruire lui-même, et c'est alors seulement que le pays peut se relever, par cette loi heureuse de balancement social qui veut que dans l'excès du mal se trouve nécessairement la fin de celui-ci. Si, au contraire, les minorités sont représentées, par le seul fait de cette représentation le gouvernement exercé par la majorité est pourvu d'un avertissement automatique qui empêchera déraillements, explosions et chocs ; celui qui eut été opprimé servira malgré lui de guide à la majorité et lui conservera sa prédominance. L'intérêt bien entendu de la majorité, c'est de s'entourer de minorités, de délibérer avec elles, de suivre souvent leurs conseils, mais par dessus tout c'est l'intérêt du pays qu'il en soit ainsi.

Comment se fait-il donc que le principe de la représentation des minorités ait été longtemps inconnu, qu'il soit totalement repoussé de France, qu'il n'ait fait qu'une apparition timide, incomplète, dans d'autres pays ?

La cause de l'apparition tardive est très simple. Le droit naît toujours d'une manière empirique et brutale ; or le principe dont il s'agit est une vérité très raisonnée, très affinée. Le droit résulte d'une lutte, d'une bataille ; on l'aperçoit presque toujours à l'origine entouré de sang ; il ne peut pas être tout d'abord équitable, impartial, quand il sort de dessous le drapeau d'un parti ; or, la représentation des minorités est, en pratique, une concession faite à des adversaires.

La cause du rejet absolu en France n'est pas moins simple. Un tel principe est toujours gênant pour la majorité qui gouverne ; personne n'abdique volontiers. Or cette représentation est tour à tour réclamée par chaque parti lorsqu'il est minorité, et rejetée par lui quand il devient majorité, c'est-à-dire gouvernant. En un mot, la majorité pouvant seule faire triompher le droit de la minorité il y a peu de chances de triompher pour ce droit ; et ces chances sont d'autant moindres que dans certains pays, comme en France, les luttes de partis sont plus vives.

Deux autres objections, quoique moins importantes, ont été faites, et ont contribué à retarder l'avènement de cette vérité politique.

On a dit que si les minorités étaient trop fortes, on ne pourrait constituer une majorité de gouvernement, que ces minorités, en se coalisant, pourraient empêcher toutes les réformes utiles ; cela est vrai, mais ces inconvénients tiennent bien moins à la représentation des minorités qu'au régime parlementaire lui-même, lequel engendre une suite de coalitions d'intérêts, d'obstructions et de compromissions ; nous ne pouvons donc répondre ici ; ou il faudrait englober l'examen de ce régime dans notre présente étude.

On a allégué plus directement les difficultés de l'organisation à la fois pratique et exacte de la proportionalité, et fait ce dilemme. Parmi les nombreux systèmes proposés les uns sont certainement pratiques et d'application facile, mais ils ne réalisent rien moins que la proportion exacte, leur proportionalité est ou aléatoire ou à forfait ; les autres sont presque exactement proportionnels, mais leur application est si difficile, exige des calculs et des agissements si compliqués soit pour le vote de l'électeur, soit pour le dépouillement des scrutins, qu'ils ne seront jamais pratiques.

Nous avouons que cette objection est juste en présence des procédés proposés jusqu'à ce jour, et c'est précisément à la recherche, à l'exposé et à la discussion d'un système nouveau évitant à la fois ces deux inconvénients qu'est consacré le présent travail.

Ces preuves que nous venons d'énoncer de la justice et de l'utilité de la représentation des minorités étaient déjà connues ; cette représentation n'est plus rejetée aujourd'hui par personne, et si nous avons voulu d'abord les rappeler, c'était pour bien établir le point de départ, la base sur laquelle nous voulions opérer.

Notre objectif ne sera pas non plus l'exposé entier et la discussion approfondie des systèmes qui ont été émis pour arriver à la proportionalité la plus avantageuse ou la plus exacte. Ce recensement a déjà été fait, et en particulier par M. Séverin de la Chapelle dans une très lucide et substentielle étude.

Nous chercherons seulement pour ne pas redire inutilement ce qui a été dit avant nous, à proposer et à prouver un système nouveau de représentation absolument exacte et simple, croyons-nous, de la majorité et des minorités.

Seulement pour rendre sensible un tel système ; il nous faut dire préalablement quels sont les principes sur lesquels doit se fonder un système de véritable représentation pro portionnelle, et quels sont les vices des systèmes proposés jusqu'à ce jour qui négligent de réaliser quelques-uns de ces principes essentiels.

D'où les divisions suivantes de notre étude :

1° Principes auxquels doit satisfaire une représentation vraiment proportionnelle.

2° Vices des systèmes proposés jusqu'à ce jour.

3° Système proposé par nous, de représentation exacte des minorités.

CHAPITRE Ier

Principes auxquels doit satisfaire une représentation vraiment proportionnelle

Ces principes sont les suivants :
1. Principe de la *division du vote*.
2. Principe de *l'unité de collège*.
3. Principe du *scrutin sans liste*.
4. Principe du *vote plurinominal*.
5. Principe de la *majorité relative*.
6. Principe de la *proportion mathématique*.
7. Principe de *simplicité*.

Comme nous voulons donner à notre étude une marche rapide, nous n'insisterons pas sur plusieurs de ces principes qui portent en eux la marque de l'évidence, mais nous nous arrèterons quelque temps sur le premier qui est moins connu et d'une importance capitale pour la solution.

1° PRINCIPE DE LA DIVISION DU VOTE

Nous verrons un peu plus loin que tous les systèmes jusqu'à présent proposés se partagent en deux grandes classes, selon que l'on divise ou qu'on ne divise pas le vote. Cette division suivant nous est nécessaire et doit même être tripartite, tandis que l'école qui l'admet comme base de son procédé ne la conçoit que comme bipartite :

Que veut en effet l'électeur quand il vote ? Est-ce seulement choisir telle personne de préférence à toutes autres, parce que cette personne lui agrée davantage ? Non. Il est évident, au moins lorsqu'il vote dans les élections parlementaires, qu'il a tout d'abord deux choses à la fois en vue, deux choses indépendantes l'une de l'autre, savoir : 1° un parti politique, suivant les temps ou les pays, constitutionnel ou inconstitutionnel; à défaut de parti politique, une opinion religieuse, philosophique ou sociale, un intérêt professionnel, un programme général ou limité quelconque qu'il veut faire triompher pour sa part; 2° une personnalité en qui il a confiance, et que par conséquent il doit individuellement plus ou moins connaître, laquelle peut représenter exactement son parti, mais peut aussi se trouver d'une nuance un peu différente. Les deux éléments sont si distincts que souvent on sacrifie le parti à la personne ou la personne au parti, ce qu'on ne devrait jamais faire. Tout procédé qui oblige à ce sacrifice est mauvais; voter pour quelqu'un à cause de sa personne, et sans envisager son parti politique n'est qu'une défaillance qui a presque toujours pour cause un intérêt individuel, matériel ou moral, gain ou récompense, mais voter pour quelqu'un sans le connaître, et en raison seulement de ses opinions déclarées, c'est en réalité donner un suffrage dangereux pour l'électeur et souvent inconscient: Ce suffrage est dangereux en ce que les opinions, surtout celles émises par un inconnu, peuvent ne pas être sincères. que la connaissance personnelle permet seule de les contrôler dans une certaine mesure, l'honnêteté générale du candidat pouvant peut-être garantir sa sincérité politique qui reste autrement plus que douteuse dans notre époque d'*insincérité* presque universelle. D'autre côté, ce suffrage risque fort d'être inconscient, surtout lorsqu'il s'agit de scrutin de liste, c'est alors un comité qui dicte les choix, le suffrage devient en réalité indirect et à deux degrés, c'est effectivement seulement pour le comité qu'on vote, celui-ci ayant fait le choix définitif. Cependant s'il fallait absolument à l'électeur opter entre l'*élément opinion* et l'*élément personne* l'opinion devrait l'emporter certainement et dans son intention et dans son devoir.

Mais cette décomposition du vote en deux éléments : *opinion* et *personne* n'est pas suffisante. De même qu'en chimie l'analyse élémentaire s'obtient par des opérations successives, traitons l'élément *personne* du suffrage, et voyons s'il ne se dédouble point lui aussi au moyen de quelque réactif. Qu'envisage-t-on dans la personne en dehors de ses opinions ? On la choisit à la fois pour la confiance qu'on a en elle, pour sa probité, son intelligence, son amitié, puis pour les *intérêts communs* qu'on possède avec elle. Au premier point de vue, on donnera son suffrage à quelqu'un habitant à l'extrémité du territoire, si on le connait ; au second point de vue on ne le donnera qu'à quelqu'un habitant le même département ou tout au moins la même région, la vicinité établissant par elle-même la communauté d'une foule d'intérêts. Cela revient à dire que l'élection doit être dans une certaine mesure *territoriale, provinciale*, tandis qu'au point de vue de la représentation de l'opinion, pour que cette représentation soit effective, il faut qu'elle soit *nationale*, faite dans un collège national et unique, sous peine de déperdition, comme nous le verrons, d'une foule de suffrages.

Ainsi quiconque, en votant, vote à la fois, en dernière analyse, 1° pour un parti ou un programme, 2° pour une personne, 3° pour sa propre région à l'encontre des autres régions de la France. Comment tout cela peut-il tenir dans un seul vote ? Voilà le difficile problème, et pourtant il faut que tout cela y tienne.

Cela est d'autant plus difficile que ces éléments à chaque instant se choquent, se contredisent. C'est de ce choc, de l'empiètement de l'un de ces éléments, qu'est née l'idée du mandat impératif. Ce mandat absorbe l'élément *personne* au profit de l'élément *opinion* ; l'électeur ne vote, en réalité, que pour celle-ci, et l'élu est lié d'avance. Tel est l'excès que pratique volontiers l'électeur ; l'élu pratique volontiers l'excès contraire : c'est pour lui l'élément *personne* qui doit dominer, l'élément *opinion* n'est que l'amorce de l'autre : l'électeur veut asservir l'élu ; l'élu veut tromper l'électeur ; cela fait un équilibre en vertu duquel nous vivons politiquement.

De même l'élément *territoire* choque et contredit aussi l'élément *opinion*; de là cette oscillation continuelle entre le scrutin *uninominal* ou *d'arrondissement* qui correspond à l'élément *territoire*, et par là même à l'élément *intérêt*, e^t le scrutin de *liste* ou de *département* qui correspond à l'élément *opinion* et à l'élément *principe*. Les deux séparés e^t alternatifs produisent de si mauvais résultats que chacun, lorsqu'il a été pratiqué pendant un certain temps, repousse vers l'autre.

Jusqu'à présent, de ces trois éléments celui qu'on a fait dominer c'est l'élément *territoire*, en refusant *l'unité de collège*, le *collège national*, puis vient l'élément *personne*, absolu dans le scrutin d'arrondissement ou de circonscription, moins complet dans le scrutin de liste, en dernière ligne apparaît l'élément *opinion*.

C'est pourtant l'importance de ce dernier élément, l'élément *opinion* qui rend nécessaire la représentation des minorités. Cette représentation n'a pas de sens, si on se réfère aux autres éléments isolés. Si on n'envisage que les personnes ce sont purement et simplement ceux qui ont obtenu le plus de voix qui doivent l'emporter, car aucun lien ne groupe plus celles obtenues par les candidats les moins recherchés. Il est vrai que cet élément qui ne saurait être abstrait, reste toujours enveloppé avec les deux autres; mais si on le subordonne à ceux-ci, comme le font certains systèmes, la représentation des minorités devient utile et possible mais reste secondairement envisagée, et par conséquent incomplète.

La représentation des minorités accuse vigoureusement dans le suffrage, met en relief l'*élément-opinion*. Sans cette mise en relief, elle s'affaiblit, elle finit par n'avoir plus de raison d'être.

Il faut insister sur ce point, creuser jusqu'à cette assise logique, déterminer quel est le *vrai lieu* du principe de la représentation des minorités, car faute de l'avoir fait, on se trouve vite séduit par une erreur qui a cours et qui est le fond de beaucoup des systèmes proposés. A quoi bon proclamer ainsi, dit-on souvent, nos divisions politiques ? Pourquoi les creuser encore ? N'est-ce pas œuvre antipatriotique ? S'il s'agit de partis anticonstitutionnels , cette œuvre ne devient- elle pas impie ? Les partis existent sans doute, ils sont peut-être nécessaires ; ils sont respectivement violents ; on ne peut les détruire, il faut au moins les voiler ; et si la représentation proportionnelle est admise, que ce soit sous le couvert de l'élément personnel ; qu'on cache l'élément *parti*, qui en est l'origine vraie, mais quelque peu honteuse, sinon défendue. Et comme l'habitude politique est de toujours biaiser, on biaise encore ici, en réalité par fausseté, en apparence par une sorte de pudeur méritoire.

C'est cette fausse pudeur que nous répudions. Il faut toujours aller au fond des choses, quelque reproche qu'on puisse vous en faire, écarter les mots timides ou sonores, voir la réalité seule.

Or la réalité est qu'il n'y a lieu à la représentation des minorités qu'en raison de l'existence des partis, surtout des partis inconstitutionnels, que cette représentation doit mettre forcément en relief ces partis eux-mêmes, que ceux qui ne veulent pas cette conséquence sont plus logiques en refusant toute représentation aux minorités, accomplissant ainsi une injustice, mais une injustice qui peut leur profiter personnellement et temporairement, mais que ceux qui sont partisans de cette représentation doivent, sous peine de la fausser, mettre au premier rang cette lutte des partis et les faire ressortir nettement.

D'ailleurs, si notre système avait pour résultat de faire naître, de fortifier ou de perpétuer ces partis, nous comprendrions un tel scrupule, mais il n'en est pas ainsi. Ces partis préexistent ; rien en l'état ne peut les réduire, et si c'est un mal, le remède ne vient jamais en cachant le mal, mais en le montrant.

Donc, à notre estime, tout système qui a pour procédé de

dissimuler l'élément *parti* qui sert de base à la représentation des minorités sous l'élément *personne*, ou sous l'élément
territoire, est un système d'avance vicié.

Mais comment faire pour que la représentation des
minorités respecte à la fois ces trois éléments du vote qui
souvent se contredisent ? C'est ce que nous essaierons
d'obtenir dans la dernière partie de notre travail. Nous
démontrerons un peu plus loin comment les systèmes
proposés ont échoué dans cette tâche difficile ; mais aupa-
ravant examinons les autres principes au moyen desquels
chacun des éléments ci-dessous du vote peut être séparément
conservé.

2º PRINCIPE DE L'UNITÉ DE COLLÈGE

Ce principe fondamental dans notre droit public est
peut-être le plus incontesté à la fois et le moins respecté
de tous nos principes, dont plusieurs, d'ailleurs, quoique à
un moins fort degré, sont dans ce cas. Il est convenu que
chaque député représente non pas telle ou telle fraction du
territoire, mais la France entière, que la patrie est une et
indivisible, qu'il n'y a plus de frontières intérieures. Cela
est si vrai qu'il n'y a plus de provinces...., mais qu'il y a
des départements, et que ces départements, voir même les
arrondissements, forment autant de collèges distincts, sans
aucune solidarité entre eux, même quand il s'agit d'élire
l'assemblée nationale.

Il résulte de ce principe actuel de la pluralité des collèges
que les électeurs ne sont pas représentés même dans leur
majorité par l'élément *personne* ; en effet, *Primus* peut
avoir dans chacune des circonscriptions une minorité se
rapprochant tellement de 'a majorité, ou tout au moins un
nombre de voix tel, qu'il obtienne beaucoup plus de voix
dans l'ensemble du pays qu'aucun des candidats élus, et
que cependant il ne soit pas élu, 2º que les électeurs ne
sont pas représentés dans leurs majorités et leurs minorités

par l'élément *opinion*. En effet, la même opinion peut avoir la majorité dans tel département, la minorité à son tour dans tel autre, avec des écarts partiels différents tels qu'ils ne coïncident pas du tout avec l'écart total qui existe entre elle et les autres dans l'ensemble du pays pris en son entier.

Le seul élément que fasse triompher la multiplicité des collèges, c'est l'élément *territoire*, plus ou moins complètement suivant que le collège est plus ou moins étendu.

Nous savons qu'on a vivement critiqué le principe de l'unité de collège au point de vue pratique, et c'est plus tard que nous l'examinerons à ce point de vue, en passant en revue les divers systèmes proposés. Nous verrons que ces défauts pratiques lui viennent précisément de ce que ceux qui l'arborèrent d'abord le voulurent exclusif, en sacrifiant à l'élément *opinion* qu'il fait valoir les éléments *personne* et *territoire* qui doivent coexister, et nous indiquerons les moyens de les corriger. Mais le principe n'en est pas moins vrai et utile.

Il est vrai, car si le département ou la commune sont représentés dans une assemblée spéciale, le Sénat, par un vote indirect, c'est-à-dire par un vote émané des groupements inférieurs considérés comme groupements (toutes réserves faites d'ailleurs sur la vraie nature, le mode de recrutement, et la raison d'être ou de n'être pas du Sénat) et si un débris du principe fédératif réside dans cette institution, la Chambre des Députés repose, quant à son recrutement sur un principe tout différent et même contraire, l'indivisibilité, mieux *l'insécabilité* de la patrie, et comme réalisation de cette idée, sur *l'unité de collège électoral*, sur le *collège national*.

Il est utile, car sans lui, il n'y a ni majorités, ni minorités entières, mais seulement des tronçons de majorités, des tronçons de minorités, dont la réunion est légalement interdite; les adeptes d'une opinion ne peuvent se répondre d'un bout du territoire à l'autre; il n'y a plus au point de vue électoral, de patrie française; il n'y a plus dans un autre sens, de coreligion politique résistant aux distances.

En outre, ce qui est le point essentiel, la représentation des minorités, exacte, mathématique, devient impossible, comme nous le démontrerons.

Tout système de représentation porportionnelle qui n'admet pas l'unité de collège, sauf à corriger ses défauts pratiques, est un système *mort-né*.

3° PRINCIPE DU SCRUTIN SANS LISTE

Nous n'avons pas à discuter ici directement la question spéciale du scrutin de liste et du scrutin d'arrondissement dans le sens ordinaire de cette controverse. Ce serait un hors d'œuvre, et d'ailleurs nous aurions de la répugnance à y toucher, depuis qu'on l'a pour ainsi dire déshonorée en la résolvant diversement sous la seule . inspiration des intérêts de chaque moment. D'autre côté, le système à admettre de représentation des minorités doit être indépendant de la solution de cette question et pouvoir s'appliquer à la rigueur quelleque soit cette solution. Cependantil est impossible de ne pas reconnaître une certaine solidarité entre toutes les questions électorales, et pour nous il est un principe certain, c'estque le scrutin de liste est un système absolument vicieux, pour deux motifs pratiques et essentiels.

Le vote au scrutin de liste, en effet, est un vote, 1° inconscient 2° forcé, 3° à deux degrés.

C'est, point essentiel ici, d'abord un vote inconscient. Un électeur ne peut voter en connaissance de cause, c'est-à-dire de personnes, pour une dizaine de députés ensemble. D'abord une grande partie de ceux-ci seront originaires d'une autre région du département, et il ne pourra ainsi les connaître, le vote départemental se résolvant par la force des choses et en fait, en vote par arrondissement, mais tel qu'un arrondissement vote pour l'autre. Sur la liste, chaque électeur choisit réellement deux ou trois députés, vote au hasard pour ceux qui se trouvent sur la même liste, ou plus exactement ne vote personnellement que pour ces deux ou trois députés, et pour le surplus vote pour telle ou telle opinion. Le vote est ainsi parfait quant à l'élément *opinion*, et quant à l'élément *territoire*, mais très imparfait en ce qui concerne l'élément *personne*.

Par là même, il est *forcé*; si l'électeur substitue aux noms qui lui sont inconnus de sa liste d'autres noms connus de lui, mais peu répandus, il émet des votes perdus, votes qui ne peuvent profiter qu'aux adversaires ; il est donc contraint de voter pour des inconnus, et ne peut en fait changer un seul nom à la liste toute préparée.

Or cette liste est faite par un *comité* siégeant au chef-lieu du département. Donc, en réalité, l'électeur vote pour le comité, et c'est le comité qui vote pour les députés. L'élection devient ainsi à *deux degrés*, et cette élection à deux degrés de cette sorte présente deux inconvénients très graves.

D'abord ceux inhérents à toute élection à plusieurs degrés. Rien de plus faux qu'un pareil système d'élection. Il a toujours produit des élus insensibles à toute idée de progrès. On peut comparer l'élection à deux ou plusieurs degrés à ce qu'est en physique le phénomène de réfraction ; à mesure qu'un corps passe d'un milieu dans un autre plus ou moins dense le rayon lumineux dévie, il peut dévier jusqu'à la réfraction totale ; de même, à chaque degré d'élection, le choix dévie et finit par se porter même sur un candidat d'opinion diamétralement opposée à celle des électeurs premiers.

Puis un inconvénient spécial. Le comité qui s'érige en maître du choix réel pour tous ses coreligionnaires est très souvent un comité que ceux-ci n'ont pas même choisi comme comité ; il se sacre lui-même, s'impose, et tire son droit de sa seule audace. Ce n'est pas tout ; ainsi installé il dirige ses choix non d'après l'intérêt réel du parti, mais d'après l'intérêt propre de chacun de ses membres ; il met sur la liste ses compères et ses camarades. Une telle confection des listes explique beaucoup des palinodies politiques qui se sont produites. *Hors du comité, point de salut,* point d'élection.

Nous rejetons donc le scrutin de liste.

Est-ce à dire qu'il faille admettre le scrutin d'arrondissement ? Est-ce que le scrutin de liste n'a pas toujours été considéré comme un instrument du progrès que l'autre tend à enrayer ?

L'instrument du progrès a fonctionné. Nous avons vu ce qu'il a produit. Cette réponse pratique vaut mieux que toutes les réponses.

Il est vrai que c'est pour un plus fort recul qu'on l'a remplacé par le scrutin d'arrondissement, il est vrai aussi que ce dernier scrutin peut avoir pour résultat immédiat de faire prévaloir les influences locales et terriennes, les intérêts de clocher, les personnalités incapables, qu'il empêche de faire une plus légitime part aux hommes politiques sans attache territoriale.

Tout cela est exact ; aussi bien rejetons-nous le scrutin de liste, mais rejetons-nous aussi le scrutin d'arrondissement uninominal. Comment cela est-il possible ? C'est ce que nous allons expliquer tout à l'heure.

4º PRINCIPE DU BULLETIN PLURINOMINAL

Puisque le scrutin de liste doit être rejeté, le bulletin semble devoir devenir uninominal.

S'il est uninominal, son effet variera suivant qu'on adopte l'unité ou la multiplicité de collège.

Dans le second cas, les collèges étant multiples et le bulletin uninominal, on obtiendra le scrutin d'arrondissement que précisément nous rejetons.

Dans le premier cas, le collège étant unique et le bulletin uninominal, on arrive au premier des systèmes proposés pour la représentation des minorités, celui de Girardin, dont nous verrons plus loin l'impraticabilité.

C'est qu'en effet le scrutin ne doit pas être de liste, mais le bulletin ne doit pas être non plus uninominal, mais plurinominal.

Pourquoi et comment doit-il être plurinominal en théorie ? Nous verrons plus loin dans l'exposé de notre système personnel comment il doit et peut l'être en pratique.

Nous avons établi plus haut que le vote n'est pas un et indivisible, mais, au contraire, décomposable, qu'il renferme ces trois éléments : *vote pour une opinion, vote pour une personne, vote pour un territoire.* Tous ces éléments qui à des degrés inégaux, il est vrai, mais tous composent et complètent le vote peuvent-ils rester renfermés dans le même suffrage ?

Peut-on en votant pour l'opinion qu'on choisit voter en même temps toujours pour la personne qu'on choisit et pour le territoire qu'on habite ?

Non, cela est souvent impossible. On peut ne pas trouver dans son département, par exemple, de représentant exact et utile de la nuance d'opinions qui est nôtre ; nous entendons par représentant utile celui sur lequel s'accumuleront d'autres suffrages, de manière à ce qu'il puisse être effectivement élu.

Il faudra donc alors, dans son suffrage unique, sacrifier un des points de vue, un des votes réels, à l'autre.

Par exemple, je veux faire triompher d'une manière éclatante une personnalité politique très en vue représentant pour toute la France tel parti, je veux voter, nettement voter pour un parti : dans ces conditions, il faudra mettre de côté des candidats dont je connais et honore la personne, et aussi ceux qui représentent spécialement ma province. Je n'aurai voté que pour un parti. De plus, beaucoup de mes concitoyens ayant eu la même préoccupation, beaucoup de leurs votes se portent sur le même, il ne sortira du scrutin qu'un nombre d'élus bien inférieur à celui des représentants à élire.

Je veux au contraire, et chacun de mes concitoyens veut

faire triompher une personne de sa localité respective. les grands intérèts généraux, les principes, le parti ne seront qu'indirectement ou pas du tout représentés.

Pour que le suffrage ait sa triple signification naturelle, il faudra donc le diviser en trois votes distincts, chacun se reférant à un des trois éléments du suffrage et constituant, en réalité, un suffrage unique à trois dimensions.

Nous indiquerons plus loin l'application pratique de cette idée.

5° PRINCIPE DE LA MAJORITÉ
ET DE LA MINORITÉ RESPECTIVES

Actuellement au premier tour la majorité doit ètre absolue sur les votants et de plus renfermer le quart des électeurs inscrits. Cela se comprend parce qu'autrement la majorité effective pourrait n'ètre qu'une minorité réelle. Si ces conditions ne sont pas remplies on a recours à un second tour de scrutin. où elles ne sont plus exigées, ce qui revient à dire qu'au second tour on se contente d'une majorité relative, soit souvent d'une minorité effective sur l'ensemble des électeurs inscrits, et d'une minorité certaine vis-à-vis des autres minorités réunies calculées sur les votants seuls.

Mais la représentation fidèle des minorités et de la majorité relative, (soit d'une minorité plus forte) rend inutile toute distinction entre la majorité absolue et la majorité relatives calculées soit par rapport au nombre des votants, soit par rapport à celui des inscrits, puisque la majorité absolue ou relative n'est plus ainsi jamais représentée que proportionnellement à son nombre exact.

Il en est des tours de scrutin comme de l'appel. L'appel nécessaire avec l'organisation judiciaire actuelle disparait même et devient impossible avec l'établissement des jurys De même le second tour de scrutin est un non-sens devant la représentation des minorités.

En lui-même d'ailleurs, ce second tour présente de grands inconvénients. Il tire au suffrage universel sa grande qualité qui est celle d'une force naturelle, inconsciente, ni calculée, ni calculable ; il le met sous l'empire de la volonté volontaire, capricieuse. Les partis divisés en nuances au premier tour, après avoir essayé leurs forces, se réunissent au second, sous l'impulsion de leur intérêt, mais nullement sous celle de leur groupement et de leur sympathie naturelles, quelquefois sous l'empire de leurs haines, ce qui entraîne la coalition des partis extrêmes. Le suffrage se trouve ainsi faussé ; il faut pour qu'il soit sincère, qu'il se maintienne *simple résultante.*

D'autre côté, ce second tour rend les rivalités personnelles, les haines de partis, plus vives, plus prolongées ; l'agitation électorale croit outre mesure, les candidats font des appels désespérés qui troublent le pays, se servent de toutes armes après une première défaite. Il faut, pour qu'il soit calme et bon, que le suffrage ne se voie pas lui-même opérer.

La suppression du second tour de scrutin est donc une conséquence forcée de la représentation des minorités dans son principe. Mais il ne faut pas que l'organisation de cette représentation fasse reparaître accidentellement ce second tour, c'est ce qui pourrait arriver avec le bulletin uninominal et le collège national réunis, et ce qui doit faire condamner le système de Girardin, tel qu'il a été formulé par lui.

6° PRINCIPE DE LA PROPORTION
MATHÉMATIQUE

Il ne suffit pas que les minorités soient représentées, il faut qu'elles le soient proportionnellement, et cette proportion doit être aussi exacte que possible ; cette vérité n'a pas besoin d'être démontrée.

Elle a pourtant été souvent méconnue, tellement que les systèmes proposés se divisent en deux grandes classes

1o systèmes de représentation dans une quotité préfixe ou aléatoire. 2º systèmes de représentation mathématique.

Le système du *vote incomplet* est, comme nous le verrons un système de *proportion préfixe*, le système du *quotient* de Hare et celui du *diviseur* de Hondt sont des systèmes de *proportion aléatoire*. Ce seul motif devra les faire rejeter.

Ce principe de la proportion exacte et mathématique a un corollaire ; c'est qu'il ne doit pas exister, ainsi que plusieurs systèmes l'établissent, de minimum de voix nécessaires à un député pour être élu, ou à un parti pour être représenté, autre que celui qui résulte de l'indivisibilité mathématique de certains chiffres. La plus petite fraction d'électeurs doit etre représentée, s'il existe une unité entière de député qui puisse, mathémathiquement, lui correspondre proportionnellement.

Il va sans dire que la proportion n'est nécessaire que de parti à parti, ou de personnes à personnes en tant qu'elles représentent des partis différents, et non de personnes à personnes dans l'intérieur du même parti ; entre celles-ci, c'est la majorité simple qui l'emporte.

7º PRINCIPE DE SIMPLICITÉ

Au point de vue pratique, il faut que la représentation des minorités n'emploie que des moyens simples pour l'électeur et le scrutateur. Autrement l'électeur peut se tromper dans son vote. et être surpris par la complexité ; c'est ce qui condamne les systèmes où l'électeur doit marquer sa préférence pour tel de ses candidats, en outre de son vote pour eux ; c'est ce qui a lieu aussi lorsqu'il peut cumuler ou non tous ses suffrages sur la même tète, ou faire certains votes comme principaux et les autres comme subsidiaires. L'électeur même lettré hésite alors et s'éloigne du scrutin. C'est transporter dans l'élection elle-même les embarras et les subtilités parlementaires, et enlever au peuple ce qui lui appartient et ce qui fait sa force, le bon sens.

Pour le scrutateur le danger n'est pas moins grand. Il peut facilement ou se tromper, ou tromper.

Il peut se tromper si son travail consiste en autre chose qu'un simple travail d'addition, par exemple s'il doit considérer certains votes comme principaux et d'autres comme subsidiaires, s'il ne doit compter les voix acquises à un candidat que jusqu'à l'obtention par celui-ci d'un quotient électoral et passer au delà ces mêmes voix sous silence, s'il doit dépouiller d'un côté les suffrages donnés à une liste et d'autre part ceux donnés à chaque citoyen porté sur cette liste.

Il peut tromper facilement dans les mêmes cas; il le peut encore plus si le dépouillement des votes ne se fait pas là même où le vote a eu lieu, s'il s'opère ailleurs des calculs d'ensemble qui n'aient pas pour base les résultats communaux préalablement publiés.

La simplicité est la qualité qui peut seule rendre pratiques les réformes ; c'est à cette condition nécessaire que, comme nous le verrons, sont venus se briser beaucoup des systèmes proposés.

Tels sont les principes auxquels selon nous doit nécessairement satisfaire le procédé de représentation proportionnelle de la majorité et des minorités.

La difficulté consiste à les appliquer à la fois, c'est ce que nous essaierons de faire, mais d'abord servons-nous en comme de *criteria* pour éprouver les nombreux systèmes qu'on a mis en avant et que nous allons maintenant très sommairement décrire.

CHAPITRE II

Exposé et critique des systèmes proposés jusqu'à ce jour

Nous ferons cet exposé d'une manière rapide, sans indiquer quels sont les pays qui ont fait une application pratique de tel ou tel d'entre eux, ni les modifications nombreuses que chacun d'eux a reçues. Ces mentions ont été faites dans de très bons ouvrages, et les répéter serait faire double emploi. Nous voulons seulement : 1· indiquer la substance de chacun par un exemple bien net ; 2· en montrer le défaut essentiel.

Ces systèmes forment deux groupes principaux très marqués : 1· ceux qui n'envisagent dans le vote que l'élément *personne*, en y joignant ou non l'élément *territoire*, et qui ne s'occupent qu'indirectement de l'élément *parti* ; 2· ceux qui envisagent directement l'élément *parti*, et lui subordonnent entièrement l'élément *personne*.

Les premiers ne peuvent viser qu'à une représentation des minorités approximative ; les seconds visent à une représentation à proportion exacte. Les premiers sont plus pratiques, les seconds sont plus logiques.

Ces systèmes, pris à d'autres points de vue, peuvent encore former d'autres groupes, savoir :

1· Systèmes admettant l'*unité*, et systèmes voulant la *multiplicité* de *collèges*, c'est-à-dire se préoccupant ou non de l'élément *territoire* ; 2· Systèmes à *proportion préfixe*, systèmes à *proportion aléatoire*, systèmes à *proportion exacte* ; 3· Systèmes prenant pour base le *scrutin de liste* et systèmes s'appuyant sur le *scrutin uninominal*. Nous faisons rentrer ces divers groupements les uns dans les autres en prenant pour cadre le plus important.

A. Groupe des systèmes qui ne s'occupent pas directement de l'élément parti, mais seulement de l'élément personne, avec ou sans considération du territoire.

Ce groupe se subdivise en catégorie ne s'occupant que de l'élément personne seul, et catégorie s'occupant à la fois de l'élément personne et de l'élément territoire.

a) *Catégorie des systèmes qui ne s'occupent pas directement de l'élément parti, ni de l'élément territoire, mais seulement de l'élément personne pur. (Scrutin uninominal).*

1º SYSTÈME de SAINT-JUST et de GIRARDIN

La France ne forme qu'un collège unique : chaque électeur ne dépose qu'un nom dans l'urne. Les candidats qui sur toute la France ont obtenu le plus grand nombre de voix, sont proclamés élus.

A priori et directement, ce système ne fournit pas la représentation des minorités, puisqu'on est élu dans l'ordre décroissant des voix, et que les majorités possèdent toutes celles de l'ordre croissant. Il la fournit indirectement en ce que des voix surabondantes se portant sur le même candidat de majorité, celle-ci épuise par là et diminue d'autant l'effet de ses suffrages et laisse place ainsi aux voix de la minorité. Si, par exemple, toutes les voix de la majorité en France se portaient sur un seul nom, la majorité ne posséderait qu'un seul député, tous les autres sièges seraient acquis aux minorités.

Ce système, qui renferme cette vérité essentielle de l'unité de collège, ne peut résister aux critiques suivantes :

1º L'élément *parti politique* est, en réalité, seul satisfait dans ce procédé, et étouffe complètement l'élément *personne* et l'élément *territoire* ; le suffrage est ainsi mutilé ;

2º La majorité pourrait, en se disciplinant parfaitement. étouffer les minorités : il lui suffirait de diviser sa liste, de cantonner chacun de ses candidats dans une circonscription formée par elle et divisant exactement cette majorité par le nombre des députés à élire ;

3º Les minorités pourraient obtenir beaucoup plus de sièges que la majorité , si, faute de cette discipline, toutes les voix de la majorité, comme dans l'exemple cité tout à l'heure, et, faute d'exiger un minimum de voix pour être élu, se portaient seulement sur quelques noms.

La représentation des minorités y est donc *aléatoire* ;

4º L'élection pourrait être presque nulle et exiger plusieurs tours de scrutin si, dans le cas précédent, un minimum de voix était nécessaire pour être élu.

Les divers amendements apportés à ce système par MM. de Layres, Boutmy, Baily, de Biencourt et par la loi brésilienne de 1881 sur les élections municipales et provinciales ne remédient pas à ces inconvénients. Les uns demandent un minimum de suffrages pour être élu, ce qui empêche bien les minorités d'écraser la majorité, mais rend plus inévitables des tours de scrutin successifs ; les autres donnent aux députés élus par une forte majorité un droit de décision double ou triple lors du vote des lois, ce qui est inadmissible ; d'autres accordent au candidat surabondamment élu le droit de disposer d'avance de l'excédant de suffrages, ce qui constitue un vote par procuration ou à deux degrés. Les vices essentiels restent : 1· *représen-*

tation des *minorités aléatoire* et non exacte ; 2· possibilité de tours de *scrutin successifs* ; 3· élément *personne* entièrement étouffé ; 4· élément *territoire* étouffé aussi ; 5· élément *parti* remplaçant tout et pourtant proposé seulement de *biais* ; l'élément *personne* reste seul *apparent*.

A côté des amendements à ce système, se trouve son *application partielle*, par exemple, celle faite en Espagne en 1878, où dix députés seulement sont nommés ainsi, l'élection des autres se faisant par d'autres procédés. Comme toutes les demi-mesures, celle-ci ne peut produire aucun résultat, un système étant bon ou étant mauvais.

2° SYSTÈME DE THOMAS HARE OU DU QUOTIENT ÉLECTORAL

Ici le *scrutin* est, en apparence, *plurinominal*, mais il est, en réalité, *uninominal* ; de même le collège est, en apparence, *multiple*, mais il est, en réalité, *unique*.

Dans chaque collège, chaque électeur porte sur son bulletin autant de noms qu'il y a de députés à élire dans ce collège. Après le vote, on divise le chiffre des votants par le nombre des députés qui étaient à élire ; le quotient de cette division forme le *quotient électoral*. Tout candidat qui a acquis ce quotient, est élu. En dépouillant le scrutin, on tient compte du premier nom de chaque bulletin, seulement tant que ce nom n'a pas atteint le quotient électoral ; ensuite on le néglige dans le dépouillement, et on ne tient compte que du nom qui le suit.

La minorité se trouve indirectement représentée en ce que les bulletins de la majorité qui ont servi à nommer un député de la majorité ne peuvent plus servir à en nommer d'autres, ce qui fait qu'un certain nombre de ceux de la minorité seront nécessairement élus. En supposant 10 députés à élire, 10,000 votants, le quotient électoral est 1,000. Si la majorité est vis-à-vis de la minorité dans la proportion exacte de 6 à 4, de 6,000 à 4,000, 6 députés de la majorité ayant atteint le quotient électoral et étant élus, les 4 autres ne pourront appartenir qu'à la minorité puisque tous les bulletins de la majorité qui ne comptent chacun que pour une voix, seront déjà épuisés (6,000 = 6 $\times$ 1,000, quotient électoral.) Si la division du nombre des députés proportionnelle à celle des voix était toujours aussi exacte, le système à ce point de vue serait irréprochable. Il est vrai que le quotient électoral semble *a priori* un chiffre arbitraire. Mais en réalité, l'exemple précité prouve qu'il peut, dans certains cas, avoir le résultat demandé tout à fait rigoureux.

Le bulletin n'est qu'en apparence *plurinominal*, puisqu'il ne compte que pour *un nom*, le *premier*, à moins que celui-ci n'ait déjà atteint le quotient électoral, un des suivants, dans le cas contraire.

De plus, quoiqu'en apparence il y ait multiplicité de collège, il y a, en réalité, unité de collège pour toute la France, en vertu d'un principe qui y est ajouté et qui admet comme députés les candidats qui n'ont obtenu le quotient qu'en additionnant les suffrages réunis sur leurs noms dans les différentes circonscriptions.

Ce système a été adopté en Danemark et dans le canton de Neufchâtel. Il semble satisfaire pleinement à l'élément *personne* du suffrage, jusqu'à un certain point à l'élément *territoire*. et pleinement, dans certains cas de fractionnement facile, quoique indirectement, à l'élément *parti*.

Cependant il doit être rejeté, pour les raisons suivantes :

1. Il fait à l'élément *territoire* une part trop large. En effet, l'unité de collège n'y est qu'incomplète. Le calcul du quotient et des suffrages qui l'atteignent ou non ne se fait que relativement à la circonscription, et ce n'est que subsidiairement qu'on réunit les voix de plusieurs circonscriptions au profit de quelques députés ;

2. Il nécessite le scrutin, au moins apparent, de liste, tandis que les principes ci-dessus établis réprouvent ce mode de scrutin, et que, tout au moins, il faudrait que le système de Hare pût s'appliquer au scrutin sans liste, en

même temps qu'au scrutin de liste, ce qui n'est pas, de sorte qu'un système contestable dépend d'un autre système lui-même contestable. Tous les nombreux inconvénients du scrutin de liste, vote inconscient de fait, prédominance des comités sans mandat, etc., se trouvent ici.

3· Le principe de simplicité n'est pas observé. L'électeur aura un double choix à faire : 1· choix des noms ; 2· préférence à marquer entre tous ces noms par l'ordre à mettre sur son bulletin. Cela est trop compliqué. Du même coup, l'élément *personne* sera sacrifié par suite de cette complication même, l'électeur pouvant facilement se tromper de rang sur la personne qu'il préfère, surtout lorsqu'il ne s'agit pas des personnes inscrites en premier ordre, mais en ordre subséquent, erreur qu'il n'eut pas commise en y portant un seul nom, ou même plusieurs noms, mais au même rang.

4· Le principe de la représentation de la *personne* est encore blessé d'une autre manière. Lorsqu'on dépouille les votes, le candidat du parti B (*minorité*), qu'on trouve sur les bulletins de celui-ci ne peut faire entrer en compte les voix qu'il a obtenues tant qu'il est couvert par un candidat antécédent du même parti sur le même bulletin ; il commence à compter, au contraire. celles qu'il obtient, lorsque le premier candidat a obtenu dans le dépouillement le quotient électoral. Or, supposons deux députés étant à élire, que Primus soit en tête de tous les bulletins du parti A. que Secundus (parti B), soit le second et vienne en dépouillement seulement dans les bulletins qui seront dépouillés avant que Primus ait obtenu la proclamation de son quotient électoral, que Tertius (parti B) à son tour, soit aussi le second et vienne en dépouillement seulement dans les bulletins qui seront dépouillés après cette proclamation. Alors, dans le parti B, Tertius, quoiqu'ayant le moins de voix, l'emportera sur Secundus, par le seul fait du hasard de l'ordre du dépouillement, ce qui est contraire aux principes de la relativité et de la personnalité des suffrages dans le même parti.

3° SYSTÈME DE M. CAMPAGNOLE OU DU COLLÈGE UNIQUE AVEC PLURALITÉ DE VOTE.

M. Campagnole a émis un système qui, sur certains points, atteint la vérité que nous cherchons.

Comme M. de Girardin, il admet, non point le collège unique, mais seulement indirect d'Hare, mais le collège directement unique.

Seulement il obvie à l'inconvénient pratique énorme du système de Girardin, inconvénient qui consiste en ce que chaque électeur n'ayant qu'un vote et tous les votes de la majorité ou tous ceux de la minorité pouvant se porter sur le même candidat, ce parti se dégarnit ainsi lui-même tellement que la représentation peut se trouver proportionnelle en raison inverse du rapport entre les partis, ou qu'il faut recourir à des scrutins supplémentaires ; il obvie à cet inconvénient en donnant à chaque électeur le nombre préfixe et arbitrairement choisi, il est vrai, de *six suffrages*.

Mais il détruit immédiatement l'effet de ce remède en permettant de cumuler les six suffrages sur un seul nom.

Chaque candidat qui a obtenu, dans le pays, 90,000 suffrages, est élu.

En outre, et ici M. Campagnole sort du groupe des systèmes qui ne tiennent compte directement que de l'élément *personne* pour prendre part à ceux qui admettent directement l'élément *parti*, les candidats se répartissent en liste, et chaque liste a droit à autant de représentants qu'elle réunit de fois le chiffre de 90,000 suffrages.

Cette incursion dans un autre groupe fait du système de M. Campagnole un groupe spécial que nous étudierons un peu plus loin.

b) *Catégorie des systèmes qui s'occupent à la fois
de l'élément* territoire *et de l'élément* personne
(*scrutin plurinominal ou de liste*), *mais point
directement de l'élément* parti.

Ces systèmes excluent tous le principe de *l'unité de
collège*, principe qui, suivant nous, est fondamental.

Comme tous les systèmes qui ne s'occupent point directement de l'élément *parti*, ils ne fournissent qu'une proportionnalité entre ceux-ci tout à fait approximative.

Ils comprennent : 1· le système du *vote limité*; 2· celui
du *vote cumulatif*; 3· celui du *vote à la fois limité et cumulatif*.

1· Système du vote limité

Il est adopté dans les États de Pensylvanie et de New-
York, de l'Illinois et de Californie, aux États-Unis, dans le
canton de Vaud, en Suisse, partiellement au Brésil, en
Espagne, en Italie, en Portugal. Il a fonctionné en
Angleterre. C'est le système qui satisfait le mieux au
principe de simplicité.

Il consiste en ceci : s'il y a trois députés à élire dans une
circonscription, chaque bulletin ne portera que deux noms;
s'il faut en élire quatre, chaque bulletin ne portera que
trois noms, etc. La proportion entre le nombre des députés
à élire et le nombre des suffrages de chaque bulletin peut,
d'ailleurs, être établie différemment.

Les minorités de partis se trouvent indirectement représentées, la majorité ne pouvant voter, au moins en principe,
que pour une portion seulement des députés à élire, et les
autres devant, par là même, forcément être élus par les
minorités.

Mais le vice essentiel de ce système, qui rend inutile
d'énumérer les autres, c'est que la représentation des
minorités n'y est nullement *proportionnelle*; qu'elle est seulement *telle quelle*. On la *fixe d'avance* et l'on dit : la mino-

rité sera représentée jusqu'à concurrence du maximum du quart ou du tiers ou du cinquième des députés à élire. C'est une *représentation à forfait*, facile par conséquent à établir pratiquement, mais qui n'a aucune valeur scientifique, aucune exactitude, aucune véritable justice ni justesse.

2· Système du vote cumulatif

Il a été appliqué en Angleterre et dans divers États des États-Unis ; il est aussi très facile à établir en pratique. Voici en quoi il consiste :

Chaque électeur a plusieurs députés à élire, il élit tous ceux de sa circonscription, mais il peut réunir tous les votes qu'il a le droit de donner sur une seule tête.

Il en résulte que la minorité, en se servant de ce moyen, peut s'assurer une certaine représentation plus ou moins forte.

Elle est plus ou moins forte suivant la discipline respective des partis politiques. Si le parti en majorité divise tous ses suffrages, tandis que chaque minorité réunit les siens, toutes les minorités pourront être représentées ; si le parti en majorité réunit tous ses suffrages sur un seul, la minorité sera représentée encore largement ; si la majorité divise ses suffrages, mais seulement de manière à ne pas trop dégarnir aucun de ses candidats, la représentation de la minorité baissera ; si, en même temps, cette dernière divisait trop ses suffrages, elle ne serait plus représentée du tout.

D'où un balancement qui constitue la représentation à *quotité aléatoire*, et non à *proportion exacte,* ce qui seul suffit à la faire rejeter en la mettant en contradiction avec la définition même de la représentation proportionnelle.

Un autre motif pratique ne la condamne pas moins. Elle donne ouverture non seulement aux luttes ardentes, mais aux compromissions de partis, aux coalitions, aux manœuvres et calculs électoraux ; elle trouble et embarrasse l'électeur qui, en votant ainsi, joue plutôt aux échecs pour son candidat qu'il n'accomplit un acte civique ; elle porte à regarder dans le jeu de l'adversaire et dans ses suffrages.

Enfin elle suppose le scrutin de liste et l'action omnipotente des comités.

8. Système du vote limité et du vote cumulatif réunis, ou système de la liste fractionnaire.

Ce système a été proposé par M. Severin de la Chapelle qui le formule ainsi :

Les bulletins des électeurs ne peuvent porter dans les élections à deux députés qu'un nom ; dans les autres élections la moitié plus un de ces noms. Les électeurs peuvent réunir, s'ils le veulent, tous les suffrages dont ils disposent ainsi sur un seul nom.

Ce système ne peut donner autre chose que ce que chacune de ses deux parties contient : Il est donc, comme chacune d'elles, celui d'une représentation des minorités *préfixe* pour son *maximum, aléatoire* pour son *minimum*. Il se meut entre ces deux points d'arrêt, mais étant mobile, le même nombre de députés à élire et de suffrages étant donnés, il ne peut être proportionnel.

Il présente, en outre, tous les inconvénients pratiques inhérents aux deux scrutins de liste, coalitions et compromissions, complexité pour l'électeur ; il offre, en outre, une plus grande complexité pour les scrutateurs. Il ne remédie à aucun des inconvénients des deux systèmes qu'il réunit.

Il fournit, d'ailleurs, une représentation si éloignée de la proportion exacte que son auteur lui-même (page 184), est obligé d'attribuer aux fautes de certains partis le défaut de proportion mathématique que produirait son système, ce qu'il nous est impossible de ne pas signaler tout en rendant hommage au talent avec lequel M. Severin de la Chapelle a traité le sujet que nous abordons aujourd'hui.

Du reste, la proportion se fut-elle trouvée exacte dans

certains exemples, cela ne prouverait rien en faveur de la proportionnalité continue d'un système opérant par oscillations.

B. Groupe des systèmes qui s'occupent directement et principalement de l'élément parti, ou systèmes des listes concurrentes.

Dans tous les systèmes du groupe, on n'envisage que subsidiairement l'élément *personne*; mais on considère directement l'élément *parti* et l'élément *territoire*.

Ici ce qu'on cherche à représenter proportionnellement entre eux ce sont directement les divers partis ; on ne compte les personnes que dans l'intérieur de chaque parti ; on reconnait donc une des vérités fondamentales ci-dessus ; ·mais on groupe ainsi les partis séparément pour chaque fraction de la patrie commune.

1. SYSTÈME DE MM. CONSIDÉRANT, CANTAGREL, ET DE NAVILLE.

Chaque électeur vote non pour un ou plusieurs candidats, mais pour une liste toute faite. Dans l'intérieur de cette liste, il ne peut changer que l'ordre des candidats. Puis le nombre de députés à élire est réparti entre les listes proportionnellement au chiffre de voix obtenu par chaque liste. Le nombre des députés appartenant à chaque liste étant ainsi fixé, ce sont ceux de cette liste ayant obtenu le plus de voix qui sont élus.

Ce système doit être rejeté parce qu'il ne tient aucun compte de l'élément *personne*, puisque l'électeur ne peut voter que pour la liste, c'est-à-dire pour l'*opinion seule*. Le choix des candidats est réservé exclusivement aux comités, ce qui constitue une élection effective à *deux degrés*.

Il a de plus le vice de ne pas reconnaitre l'*unité de collège*, principe essentiel, sans lequel la majorité même peut ne pas être suffisamment représentée.

Il est inutile d'examiner les modifications apportées à ce système par MM. Naville et Demolet, parce qu'elles n'effacent pas ces vices.

Inutile aussi d'examiner le système des *listes concurrentes graduées* qui modifie le précédent en ce qu'il permet à l'électeur de ne pas être aussi étroitement enfermé dans une liste préparée par un comité, en édictant que le nom que cet électeur inscrira le premier vaudra 1, le second 1/2, le troisième 1/3.

Le vice de ces systèmes consiste, en dehors de ses inconvénients intrinsèques dont nous venons de parler, en ce que grâce à la multiplicité des collèges, la proportionnalité ne peut être atteinte, sans laisser des restes très importants, par conséquent des fractions électorales non représentées; s'il y a par exemple 2 députés à élire dans un collège, qu'il se trouve 100,000 votants, que les suffrages des partis soient 30,000 d'un côté, 70,000 de l'autre, l'un des partis obtiendra un député, l'autre seulement une fraction de député, ce qu'il est impossible de réaliser. Ce député fractionné attribué à l'un ou l'autre des partis fera que 30,000 électeurs d'un parti ou 40,000 de l'autre ne seront pas représentés en réalité.

2° SYSTÈME DE M. D'HONDT.

Ce système n'est que le précédent perfectionné. Il satisfait à la critique que nous avons faite à celui-ci relativement à la suppression de l'élément *personne*, dans le suffrage. On n'est plus obligé de voter seulement pour les candidats portés sur la liste qu'on a choisie ; on peut voter pour d'autres candidats. Le bulletin de vote est un bulletin contenant sur plusieurs colonnes verticalement les diverses listes et horizontalement les noms de tous les candidats de ces listes. Un point blanc est placé au dessus de chaque liste, et un autre point blanc vis-à-vis de chaque candidat de chaque liste. On vote en noircissant les points blancs de la liste et des candidats de cette liste ou des autres listes qu'on a choisis. Il existe ainsi deux votes non solidaires ; 1° Un vote pour l'élément *parti*, 2° un vote pour l'élément *personne* et comme le scrutin est départemental, l'élément *territoire* se trouve aussi représenté. Chaque liste profite des suffrages donnés à ses candidats.

En outre, ce système essaie de répondre à l'objection intrinsèque que nous avons faite au système précédent, relative au défaut de possibilité de division d'un siège par répartition quand le nombre des voix obtenues par un parti ne correspond pas à des chiffres entiers dans le nombre des députés à élire. Nous avons vu les efforts faits déjà par plusieurs systèmes pour tourner cette difficulté qui est le plus grand embarras de la représentation proportionnelle et que beaucoup d'entre eux ont cru résoudre par le *quotient électoral*. M. d'Hondt a imaginé ici le système très ingénieux du *diviseur proportionnel*. Voici en quoi il consiste. 3,000 électeurs ont à nommer 3 députés, la liste A obtient 1,500 voix, la liste B 800, la liste C 700. Comment répartira-t-on les 3 sièges ? On cherchera un diviseur commun tel que les quotients réunis des divisions égale le nombre des sièges. Les diviseurs 700 et 800 donneraient des quotients dont le total serait ou supérieur ou inférieur à ce nombre ; le diviseur 750 donnera des quotients dont le total égalera le nombre des députés à élire ; or 700, chiffre de la 3e liste divisé par 750 donne pour quotient 0, la 3e liste n'obtiendra donc pas de représentant ; la 2e en aura 1 ; la 1re, la liste A, en aura 2.

Voici les raisons qui doivent faire rejeter ce savant système.

Il ne satisfait pas à plusieurs des principes fondamentaux que nous avons posés en commençant.

Il est vrai que l'élément *territoire* et même l'élément *personne*, celui-ci dans une certaine mesure, se trouvent représentés avec l'élément *parti* puisque dans l'intérieur d'un territoire on établit pour ainsi dire un double vote, ce qui est un progrès.

Mais l'élément *personne* est tout-à-fait incomplètement représenté, en ce que l'électeur peut bien prendre des noms sur plusieurs listes, mais ne peut pas en prendre en dehors des listes. Il l'est encore incomplètement en ce qu'un candidat ne peut pas cumuler les votes qu'il a recueillis dans différentes circonscriptions, et qu'il peut ainsi en avoir recueilli beaucoup sans être élu.

L'élément *parti* qui semble très favorisé n'a pas pourtant satisfaction complète, par un motif qui fait qu'aussi un autre principe essentiel, celui de *l'unité de collège*, est négligé. En effet, tel parti qui ne réunit qu'un petit nombre de voix dans telle circonscription n'a point droit d'y réunir celles qu'il a recueillies dans un autre, de sorte que beaucoup de voix sont perdues sur la surface du pays, si elles n'atteignent pas dans une circonscription le diviseur voulu, auquel cas quelques-uns d'entre eux seulement triomphent. L'unité nationale se trouve ainsi atteinte dans la formation même des pouvoirs publics.

Enfin ce qui est plus grave ou du moins plus intrinsèque, c'est que la répartition juste en apparence et arithmétiquement est absolument fausse quand on envisage le résultat qu'il faudrait obtenir. Dans l'exemple cité tout à l'heure, tandis que 800 voix de la liste B obtiendront un représentant, 700 voix de la liste C n'en obtiendront aucun ; pourtant l'écart entre 800 et 700 n'est pas bien considérable et comment peut-on prétendre en face d'un tel résultat qu'on a fait une représentation *proportionnelle*. On nous répondra qu'on est excusable, puisqu'il n y avait que 3 députés à répartir, qu'on en avait déjà attribué 2 et qu'il n'en restait plus que 1 *insécable*. Cela est vrai, mais il en résulte tout simplement qu'on n'a pas trouvé la solution du problème. Les petits groupes, ceux précisément que la représentation des minorités doit protéger, sont entièrement sacrifiés.

Divers auteurs, en particulier MM. Béchaux et Frey, ont essayé de pallier quelques-uns des inconvénients ci-dessus signalés. On pourrait voter pour des candidats en dehors des listes, et tous ces candidats hétérogènes seraient classés ensemble et censés former une liste spéciale. Le système du *diviseur proportionnel* serait remplacé par celui du *quotient électoral* des autres systèmes.

La première modification est heureuse ; la seconde ne remédie en rien. Enfin on joindrait au système de M. de d'Hondt celui du *vote cumulatif* et, cette addition ne ferait que réunir les inconvénients de l'un à ceux de l'autre ; ils ne sont pas de nature à se neutraliser.

C. Groupe des systèmes qui envisagent à la fois directement l'élément personne et l'élément parti, mais sans tenir compte de l'élément territoire.

Ce groupe ne comprend qu'un seul système, celui dont nous avons ébauché plus haut la description, celui très remarquable de M. Campagnole.

Suivant ce système le collège est absolument national, et on fait des suffrages un *double dépouillement* : dépouillement par *liste* ou *parti*, dépouillement par *personne*, et chacun produit son résultat distinct.

Le candidat qui obtient 90,000 voix dans l'ensemble de la France est élu, abstraction faite des listes.

La liste qui obtient 90,000 voix dans la France est élue, abstraction faite des voix de chacun de ses membres, sauf répartition ultérieure entre ceux-ci.

De plus il y a une certaine *solidarité* établie entre la *personne* et la *liste*, en ce sens que le candidat d'une liste ne pourra profiter de la majorité acquise directement à cette liste que s'il a réuni lui-même 30,000 suffrages.

Voici cependant les vices de ce système, vices essentiels.

1° Il repose non sur une répartition proportionnelle exacte, ce qui est indispensable dans un système vraiment scientifique, répartition qui doit varier essentiellement dans son résultat suivant le nombre plus ou moins grand des votants, des candidats et des partis, mais sur un *quotient électoral*, lequel équivaut à une *répartition préfixe*, par conséquent à *forfait* et nullement *proportionnelle*.

2· Ce quotient proportionnel, lorsqu'il s'applique non plus aux listes respectivement les unes aux autres, mais entre candidats d'une même liste, est encore plus vicieux. Lorsqu'une liste, d'après le résultat du vote, a droit à un certain nombre de sièges, ce sont les députés ayant eu le plus grand nombre de voix dans cette liste qui doivent être élus sans autre condition.

3· Il est fait entièrement abstraction dans ce système d'un élément non négligeable, de l'élément *territoire* ; le député n'est pas seulement élu pour ses opinions, pour sa probité et sa capacité personnelle, mais parce que c'est notre compatriote dans un sens plus étroit, ayant les mêmes intérêts que nous. L'unité nationale ne doit pas faire disparaitre l'unité départementale.

4· Les six voix données à chacun des électeurs pouvant se réunir sur un seul nom par l'admission du vote cumulatif ont tous les inconvénients politiques de l'unité de suffrage que nous avons signalés dans le système de Girardin.

5· Le chiffre de six voix, chiffre préfixe, est absolument *arbitraire*. Il n'est pas suffisant pour empêcher un nombre trop petit de candidats d'être seul nommé au premier tour ; il l'est d'autant moins qu'on peut les réunir sur une seule tête. Il a de plus l'inconvénient de constater un véritable *scrutin de liste national*, il est vrai, mais possédant tous les inconvénients que nous avons signalés comme étant inhérents au scrutin de liste.

Il faut donc rejeter ce système, quoiqu'il ait cet avantage à retenir sur ses devanciers, qu'il vise directement et de front à la fois *l'élément personne* et *l'élément parti*.

**D. Systèmes qui envisagent à la fois distincte-
ment et directement l'élément personne, l'élément parti et l'élément territoire, et visent dans
l'élément parti la représentation proportionnelle rigoureusement exacte.**

De tels systèmes n'ont pas encore été formulés, et tel
est précisément la direction de celui que nous allons
proposer.

CHAPITRE III

Système proposé par nous de représentation exactement proportionnelle de la majorité et des minorités.

Un système rationnel doit réaliser les principes que nous
avons établis et que nous résumons ainsi :

1· Le vote doit viser directement à la fois l'élément *parti*,
l'élément *personne*, l'élément *territoire*.

2· De ces éléments les deux derniers sont cependant
subordonnés au premier.

3· Il doit y avoir unité de collège, *collège national*.

4· Le *scrutin de liste* doit être rigoureusement exclu
comme tout ce qui ressemble à un suffrage à *plusieurs*
\ *degrés*.

5· Le bulletin ne doit pas être ni pouvoir devenir
uninominal pour toute la France.

6· Il ne doit pas y avoir plusieurs *tours de scrutins*.

7· La *majorité relative simple* doit se suffire dans le
concours de différents candidats du même parti, il n'y a plus
à proprement parler de majorité ni de minorités dans la
représentation d'un même parti.

8· Chaque électeur doit voter en pleine connaissance de
cause, librement pour un petit nombre de noms, et sans
complexité. Il doit pouvoir voter séparément sur la ques-

tion d'opinion, sur celle de personne, sur celle de territoire.

9· Les scrutateurs ne doivent se livrer à aucun calcul compliqué lors du dépouillement sur place.

10· Il importe d'émousser l'acuité de lutte soit des partis entre eux, soit des personnes entre elles et de faire du vote une résultante purement naturelle des préférences. Une telle innovation garantit en même temps des manœuvres et des corruptions électorales.

11· Il ne doit pas exister de *minimum préfixe* nécessaire pour être élu.

12· La proportion ne doit pas se calculer entre les personnes, mais directement entre les partis.

13· Cette proportion doit se calculer non sur telle circonscription, mais sur la France entière.

14· Elle doit être telle que le plus petit nombre d'électeurs groupé dans un parti puisse être représenté proportionnellement.

Nous croyons trouver la réunion de toutes ces conditions dans le système très simple suivant :

Tous les électeurs de France formant un seul collège pour les élections législatives, voteront au chef-lieu de leur commune, déposeront dans l'urne un bulletin contenant *trois votes*.

Ces trois votes devront porter *trois noms* différents.

Ces trois votes donnés librement à tout Français sont pourtant concédés à chaque citoyen dans le but suivant : *l'un d'eux* sera destiné à voter, en réalité, surtout pour un *parti politique*, le *second*, pour telle ou telle *personnalité connue* et en laquelle on a confiance, le *troisième* pour faire représenter la *fraction du territoire* à laquelle on appartient. A cet effet, le premier fera élire une personnalité politique marquante de la capitale ou d'un centre, personnellement peut-être inconnue ou non sympathique, mais dont l'élection fera triompher nettement une opinion ; le second, une personne connue par son talent ou son caractère, mais n'ayant pas de lien territorial avec l'électeur ; le troisième, une personne individuellement connue.

Il n'existera pour ces trois votes aucune liste, et pour que les noms ne soient pas solidaires, même en fait, ils devront être portés sur trois bulletins différents.

Avant l'élection, chaque candidat qui voudra poser sa candidature devra indiquer soit sur une profession de foi, soit sur les bulletins de vote à distribuer, soit de toute autre manière certaine, le parti politique auquel il veut appartenir, et la nuance de ce parti. Il s'inscrira, par exemple, A., candidat conservateur-bonapartiste-jérômiste, ou B., candidat républicain-socialiste-anarchiste ; on pourra même ajouter d'autres sous-distinctions. Il sera loisible au candidat de ne prendre qu'une couleur et pas de nuance, il formera alors une catégorie à part qui concourra au triomphe collectif de sa couleur, mais qui ne fera triompher sa variété que si elle réunit un nombre de voix suffisant. Il sera même loisible à un candidat de n'indiquer aucun parti ; il sera alors classé d'*office* comme *candidat indépendant*.

Les scrutateurs, dans chaque commune, n'auront qu'à déclarer le nombre de voix obtenu par chaque candidat. Ce résultat sera publié. Un recensement national reconnaîtra la couleur et la nuance choisies par chaque candidat, déclarera le nombre de voix obtenues par chacun d'eux dans toute la France, et le nombre de voix obtenues aussi dans toute la France par chaque parti et par chaque nuance dans tel parti.

Le nombre de députés à élire dans toute la France sera ensuite réparti entre tous les *partis* proportionnellement au nombre de voix accordé dans tout le pays à chacun des partis. Dans l'intérieur de chaque parti, la répartition aura lieu, entre les nuances, de même façon.

Dans l'intérieur de chaque nuance, les députés accordés à chaque nuance seront, jusqu'à concurrence, ceux appartenant à cette nuance qui auront réuni le plus de voix.

Si dans l'établissement de la proportion il reste des fractions, le député fractionné sera accordé au parti qui aura, par ailleurs, le moins grand nombre de députés. D'ailleurs, comme nous le verrons, grâce à l'étendue du collège, ces fractions seront toujours très petites.

La proportion sera pure et simple et établie ainsi qu'il suit : soit 500 députés à élire, 8,000,000 d'électeurs, 8 partis (les partis A, B, C, D, E, F, G, H), ayant obtenu 1, ½, ½, ¼, ¼, ½, 2, 3 millions, on établira les proportions suivantes :

$$8.000.000 : 1.000.000 : : 500 : x$$
$$8.000.000 : 500.000 : : 500 : x$$
$$8.000.000 : 500.000 : : 500 : x$$
$$8.000.000 : 250.000 : : 500 : x \text{ etc.}$$

Tel est le système. Etablissons maintenant sa justification et répondons aux objections qu'il peut soulever.

Notre système satisfait pleinement au principe de l'intention triple du vote et fait ressortir *directement* et *séparément* l'élément *parti*, l'élément *personne* et l'élément *territoire*, sans qu'aucun soit sacrifié à l'autre, et cependant en donnant la prédominance à l'élément *parti*. Qu'arrivera-t-il en effet ? Le premier vote sera donné à l'élément *parti* ; on prendra pour les lui appliquer quelques-uns des personnages politiques les plus en vue; et il semble au premier abord que ce premier vote va rendre inutile les autres. Mais en réalité il va *se comprimer lui-même* et *automatiquement* laisser place à d'autres choix motivés par les considérations de *personne* ou de *territoire*. En effet, beaucoup de votes vont se réunir sur quelques noms , de sorte que le résultat sera un nombre restreint de candidats élus par ce moyen. Le surplus des députés sera, par conséquent, fourni par les deux autres bulletins de vote. La défense de cumuler les votes empêchera qu'on ne puisse tourner cette difficulté naturelle, d'ailleurs heureuse. Il est vrai que chaque électeur pourrait consacrer ses trois votes à l'élection de trois personnages exclusivement politiques et nationaux ; mais cela est peu probable ; sans que rien l'y force directement, il tiendra à faire prévaloir ensuite ses sympathies personnelles ou ses intérêts *territoriaux*.

Cela est d'autant plus vrai que si par son premier suffrage il a voté peut-être en pure perte en ce qui concerne la *personne* de son candidat, puisque celui-ci eut été élu sans son vote par un nombre suffisant d'autres voix, il n'a pas voté en pure perte, en ce qui concerne le *parti*, puisque sa voix ainsi donnée en excédant pour la personne comptera effectivement dans le calcul des voix données à tel parti. Son devoir de coreligionnaire est donc accompli et aura produit son plein et entier effet. D'ailleurs, le candidat local qu'il choisira ne sera pas d'ordinaire en contradiction avec ce parti et augmentera encore le contingent de celui-ci.

Le second et le troisième suffrages se porteront naturellement l'un sur la *personne* envisagée en elle-même, l'autre sur le *territoire*, de sorte que ces éléments essentiels seront représentés, sans avoir eu à recourir pour cela au scrutin de liste, qui fausse le vote. Notre triple bulletin n'a rien de commun avec le bulletin unique de liste, ou même avec le bulletin plurinominal proprement dit.

Mais comment le vote qui ne peut porter sur le parti que par l'intermédiaire des personnes portera-t-il sur le parti ?

C'est ici que notre système introduit un élément tout à fait nouveau : l'adjonction au nom du candidat, de l'énonciation du parti, même de la nuance de parti auquel il appartient. Il paraissait aux adeptes des systèmes précédents que le seul moyen de *transition* entre la *personne* et le *parti* était le procédé de la liste ; et c'est pour cela qu'ils admettaient le scrutin de liste, malgré ses inconvénients, comme une base inévitable. C'est leur erreur funeste ; le scrutin de liste transporte tous ses dangers à la représentation des minorités, mais il n'est pas nécessaire pour dégager l'élément *opinion* de l'élément *personne* ; il ne le dégage même que d'une manière indirecte, ce qui es toujours inexact et mauvais. *L'inscription du parti à côté du nom du candidat remplace la liste,* permet de voter du même coup pour une personne et pour un parti, sans solidarité factice entre les personnes.

On nous objectera : 1· qu'on pourra afficher des partis anticonstitutionnels, ce qui sera d'un mauvais exemple ; 2· qu'on augmentera ainsi la vivacité des luttes de partis.

Sur le premier point, nous répondrons que pour nous qui sommes partisans de la liberté politique absolue, il doit être permis d'afficher tous les partis, constitutionnels ou non, que cela fait partie nécessaire de la liberté des opinions. Quant au danger d'exciter les divisions politiques, il est nul, les partis occultes étant aussi et plus violents que les partis déclarés, et la pulvérisation actuelle de la France en partis et sous-partis étant un fait que nous ne créons pas, que nous trouvons tout produit, et qui, s'il est corrigible, ne se corrigera qu'en nous montrant dans ce miroir son exagération ridicule.

Nous permettons au candidat d'inscrire à côté de son nom, non seulement son parti, mais des nuances et même des sous-nuances de ce parti, ce qui aura l'avantage et la justice de faire profiter l'ensemble du parti des fractions de ses nuances qui auraient été trop faibles pour procurer un député entier à l'une de celles-ci.

C'est ainsi que nous sommes amenés à pouvoir adopter sans inconvénients pratiques le principe de l'unité de collège pour toute la France, en vertu duquel les voix obtenues par un candidat sur toute la surface du territoire pourront se réunir, ce qui est en même temps le moyen de rompre toutes les coteries et de pouvoir s'adresser directement au public.

D'un autre côté, cette unité de collège qui réalise la vérité politique de l'indivisibilité de la patrie n'empêchera pas que la petite patrie, le département, n'ait sa part territoriale naturelle dans la députation, et même la part la plus grande, plus ou moins mêlée à l'élément du parti. C'est ce qui arrivera grâce au jeu que nous avons expliqué du triple suffrage.

Quoi de plus simple pour l'électeur, pour le scrutateur, que notre système ? L'électeur n'a qu'à déposer séparément ses trois votes ; aucun comité ne lui inspire son choix, il choisit lui-même l'un des candidats, d'après ce que celui-ci a dit dans une législature précédente, dans des discours ou dans la presse et surtout d'après ce qu'il a fait au cours de sa vie publique, d'après les opinions qu'il représente avec éclat; il choisit l'autre d'après ses sympathies, le troisième d'après ses intérêts matériels et territoriaux. Les choix seront vite faits ; il ne s'agit plus d'une longue liste sur laquelle on ne connait, le plus souvent, qu'un seul nom. Le scrutateur, à son tour, ne fait qu'un dépouillement simple de noms séparés, ce qui est bien plus exempt d'erreurs que le dépouillement de listes. Enfin le dépouillement national ne peut avoir de fraudes, puisque le résultat des dépouillements communaux a été préalablement publié.

Reste l'essentiel, la représentation proportionnelle exacte entre les partis. Rien n'est plus exact qu'une simple proportion. Pourquoi tous ces moyens indirects de *quotient électoral*, de *diviseur*, pour s'en approcher sans y arriver jamais, et comment y arrivons-nous, au contraire ?

Les systèmes sus-décrits cherchent des moyens indirects parce qu'il leur est impossible d'arriver à une proportion exacte, et cette proportion leur est impossible, parce qu'ils ont exclu l'unité du collège national. Sans cette unité, pas de proportion possible. Comment, lorsqu'il n'y a que deux, trois, sept ou huit députés, pouvoir les répartir proportionnellement et sans arriver à des fractions de députés, entre des partis de chiffres très inégaux ? A mesure, au contraire, que le nombre des députés deviendra plus considérable, que le nombre des électeurs croisse ou non en même temps, l'inégalité entre les partis restant la même, il deviendra de plus en plus facile de faire cadrer sans fractions, avec le chiffre de chaque opinion un nombre de députés proportionnel. Un exemple rendra ceci sensible.

Supposons deux députés à élire : une opinion possède 6,000 voix, une autre 3,000 voix ; toute répartition propor tionnelle exacte est impossible ; la première opinion aura un député entier, mais il faudrait partager l'autre.

Augmentons le nombre des députés, sans changer celui des voix : trois députés au lieu de deux. Dans ce cas, la répartition se fera tout à fait exacte ; la première opinion obtiendra deux représentants, la seconde un.

Augmentons le nombre des députés et augmentons en même temps le chiffre de voix obtenu par chaque parti. Supposons trente députés, et un nombre de voix respectivement de 60,000 et de 30,000. Nous aurons encore exactement vingt députés d'un côté, dix de l'autre.

Toute difficulté de répartition exactement proportionnelle est donc vaincue ; l'écart entre les opinions restant le même. que le nombre des votants soit augmenté ou non, dès que le chiffre total des députés est augmenté.

Donc la difficulté de répartition exacte trouverait sa solution dans l'admission de l'unité de collège, laquelle est la clef de la représention proportionnelle des minorités.

Sans doute, toutes fractions ne seront pas évitées, mais elles deviendront très faibles, négligeables, sans que la représentation des minorités cesse d'être une réalité, tandis que dans tous les systèmes actuels l'impossibilité d'arriver à une véritable proportion est la pierre de touche de leur fausseté et de leur non-viabilité.

En un mot l'augmentation du nombre des députés dans une circonscription, en une mesure très considérable, rend seule possible la répartition proportionnelle exacte ; et cette augmentation dans une telle mesure ne peut s'obtenir que si la circonscription s'élargit de manière à comprendre toute la France dans un collège unique ; c'est une vérité mathématique, et il est impossible de trouver la vraie proportionnalité en dehors.

Il nous reste à prévoir et à combattre certaines objections.

La première est celle-ci. Les candidats ne pourront-ils pas fausser à dessein la classification des partis, prendre une étiquette volontairement inexacte, sauf à se démasquer ensuite ? Sans doute, un monarchiste pourra se dire républicain et *vice versa,* et s'inscrire ainsi sur le bulletin à distribuer, mais qu'importe ! D'abord les électeurs le connaîtront et ne voteront pas pour lui. Mais le candidat, en agissant ainsi, tout en croyant travailler pour lui, travaillera contre l'intérêt du parti auquel il appartient réellement puisqu'il diminuera le contingent revenant à ce parti et grossira celui d'un autre. En ce qui le concerne, à supposer même qu'il trompe quelques-uns des électeurs, il recueillera certainement dans le parti qu'il s'attribue moins de voix sur la France prise en entier que les candidats qui appartiennent réellement à ce parti, et ainsi aura travaillé contre les siens sans avoir réussi pour lui-même.

La seconde objection possible consiste en ce que, grâce au jeu de l'unité de collège, se trouvent nommés en première ligne des candidats nationaux ceux élus pour leur seule opinion, puis les candidats personnels, ceux dans lesquels on n'examine que la notoriété de leurs talents de sorte qu'ils appartiennent à toute la France. Les députés de ces catégories enlèvent autant de sièges que dans le même parti les candidats provinciaux, territoriaux, auraient obtenus. Il va en résulter que certains départements ne seront pas territorialement représentés, ce qui fausse le vote quant à l'élément *territoire* que nous avons reconnu indispensable. La réponse est facile : certains départements ne seront pas ainsi représentés dans le parti de la majorité mais ils le seront par là même dans celui d'une des minorités : donc les intérêts des habitants comme habitants ne péricliteront pas. D'ailleurs, si la majorité n'est pas représentée dans ces départements, tandis qu'elle l'est dans les autres, ce sera justice, puisque ce sont eux qui auront fourni le moins de voix à la majorité, et d'ailleurs ce n'est pas dans chaque département pris à part, mais dans le pays entier, que la représentation doit être proportionnelle.

Nous serions heureux de pouvoir répondre à d'autres objections, si elles nous étaient faites mais nous n'en apercevons pas d'autres que celles-ci et celles que nous croyons avoir refutées dans le cours de notre exposé.

Ce qui répugnera le plus à beaucoup d'esprits, c'est la classification légale des partis qui sert de base à notre système, la crainte de voir proclamer des étiquettes anti-constitutionnelles. C'est qu'en France ce sont surtout les étiquettes qu'on prise et les étiquettes qu'on craint : il est permis de soutenir les théories les plus rétrogrades pourvu qu'on se dise républicain ; il est permis de saper un édifice pourvu que ce soit du dedans et non du dehors. Notre pensée personnelle est si contraire à un tel préjugé que nous avons peine à concevoir qu'il soit nécessaire de le détruire, et pourtant il a de profondes racines. Eh bien ! qu'on se rassure ; en exaltant ainsi en apparence l'esprit de parti nous le détruirons.

Ce qui excite les partis, ce n'est pas de s'appeler et d'être appelés par leurs noms, la franchise n'a jamais fait de mal à personne, c'est d'être obligé de lutter personnellement en modifiant sa tactique, en contractant des alliances, en se combinant et en se dissociant, en ménageant les effets des divers tours de scrutins, en mettant en avant des candidats qu'on n'expose qu'au premier feu, en faisant, en un mot, une lutte électorale consciente, raisonnée, méchante. Si ces calculs deviennent impossibles, si les résultats sont imprévoyables, si aucune coalition ne peut se faire, si rien ne sert plus que de déposer son propre bulletin dans l'urne, si le candidat sûr de sa circonscription n'est pas certain d'être nommé parce qu'il faut compter avec toute la France, si les voix données à quelqu'un profitent toujours à son parti mais pas toujours à lui-même, toutes les haines personnelles seront émoussées, et comme celles-ci sont en réalité le principal aliment de cette politique, ces dernières disparaîtront promptement, ou se calmeront tellement, étant devenues impersonnelles, qu'elles n'auront plus que leur degré utile et leur température normale. Ce n'est pas l'électeur, c'est le candidat qui met maintenant le feu aux esprits ; or le candidat ne sera plus, pour ainsi dire, que secondaire ; le parti abstrait paraîtra au premier plan.

L'effet des suffrages deviendra alors tout scientifique, opérera inconsciemment, et le vote sera par là même assimilable à une des forces de cette nature que l'homme n'a rien de mieux à faire que d'imiter.

La question de la représentation des minorités que nous croyons avoir résolue est à son tour la clef de toutes les questions électorales. Nous avons déjà été obligé de traiter incidemment et de résoudre celles du scrutin de liste et de la pluralité des tours de scrutin. Toutes les autres se trouveront simplifiées par sa solution, et nous espérons pouvoir le démontrer dans des études ultérieures qui seront destinées à la réforme des divers points essentiels de notre système électoral français.

Raoul de la GRASSERIE,

Docteur en Droit, Juge à Rennes.

Angers, A. DEDOUVRES, Imp. de la Cour d'Appel, rue du Cornet, 32 et 34

COMPLÉMENT

Pendant que notre travail était publié en article de Revue, nous avons reconnu que le système que nous avons proposé devait être complété sur quelques points essentiels pour répondre à des objections qui, nous l'avouons en toute sincérité, se sont présentées à notre esprit.

Nous relevons d'abord une pure inadvertance. Nous avons écrit que les trois votes émis par chaque électeur pourraient, devraient même être portés sur des bulletins séparés ; nous craignions, en effet, de rescusciter le scrutin de liste et la domination des comités ; mais cela n'est pas à craindre avec trois noms seulement, et la séparation des bulletins de vote aurait l'inconvénient, d'abord de permettre ce que nous avons défendu, de cumuler les trois suffrages sur le même nom, puis celui plus grave d'y empêcher la mesure importante que nous introduisons plus loin dans notre système et qui en assurera le fonctionnement pratique régulier.

Donc chaque électeur votera par un seul bulletin contenant trois noms.

Voici maintenant la mesure essentielle qui doit compléter notre système, mais voyons d'abord quel inconvénient pratique celui-ci présente.

Nous avons voulu que chaque électeur émit trois votes, l'un de ces trois votes correspondant à l'élément *parti*, le second à l'élément *personne*, le troisième à l'élément *territoire*, sans cependant dire que ces trois éléments soient absolument indépendants l'un de l'autre, mais parce qu'il faut faire ressortir par le vote successivement chacun d'eux. Le suffrage étant essentiellement libre sans limite, on peut donner chacun de ces votes à tout Français. Si l'électeur suit l'esprit de cette disposition, il disposera du troisième vote, celui relatif à l'élément *territoire*, au profit d'une personne demeurant dans la région qu'il habite, et ainsi l'élection sera complète dès le premier tour de scrutin, car désormais il ne doit y en avoir qu'un ; il sera nommé dans chaque parti un nombre de députés égal à celui qui lui aura été attribué dans la répartition entre les différents partis. D'autre côté, chaque élu l'aura été avec un nombre de voix suffisant, puisque le troisième suffrage amènera dans chaque département des élus territoriaux ayant un grand nombre de voix. Enfin aucun candidat ne pourra prendre une couleur politique qu'il n'a pas, dans le but de profiter des voix données à un parti différent, puisqu'en faisant ainsi il dégarnirait son parti d'un pareil nombre de voix, que la répartition des voix entre les partis, ce qui est l'essentiel, ne serait donc pas changée.

Mais les électeurs peuvent ne pas comprendre tout d'abord cette recommandation qui leur est faite de donner chacun leur troisième voix à un candidat de leur parti, mais local; ils peuvent donner leurs trois voix à trois candidats généraux, et ainsi théoriquement il serait possible que le tour de scrutin n'aboutit à faire nommer que trois députés dans chaque parti, si tous portaient en France leurs votes sur les mêmes noms, ce qui nécessiterait non seulement deux tours de scrutin, mais un plus grand nombre.

Un résultat plus grave pourrait se produire aussi, attendu que dans chaque parti c'est la majorité relative, quelle qu'elle soit, qui l'emporte tout de suite. A côté de ces trois ou quatre seuls élus de la majorité pourraient se trouver des voix perdues, c'est-à-dire en quantité insignifiante réunies sur quelques noms. On pourrait se trouver élu avec vingt ou trente voix, ce qui ne serait pas une élection sérieuse. Bien plus, ce résultat pourrait servir à des candidats de minorité, se disant faussement du parti de la majorité, pour se faire élire comme tels avec un nombre insignifiant de voix, et par conséquent sans diminuer par contre le nombre de députés revenant à la minorité de leur nuance dans la répartition proportionnelle par partis.

Nous croyons que l'électeur serait assez sage et assez intelligent pour donner son troisième vote à un candidat local, mais il pourrait quelquefois être entraîné à ne pas le faire, surtout s'il appartient à la minorité, et à une minorité faible dans chaque circonscription prise à part, pour faire triompher un plus grand nombre de ses candidats; et d'ailleurs il faut qu'une institution puisse fonctionner d'une manière non seulement satisfaisante, mais parfaite et automatique, sans que la volonté des hommes soit désormais nécessaire pour la soutenir.

Mais la solution de cette difficulté est bien simple; il suffit de rende obligatoire pour l'électeur l'application de son troisième suffrage à un candidat local.

Chacun d'eux *devra* donner ce troisième suffrage à un candidat domicilié dans son arrondissement.

De cette manière, le recrutement entier de l'assemblée législative sera assuré dans un seul tour de scrutin ; il résultera de la force des choses que nul ne pourra se trouver élu avec un nombre insignifiant de suffrages, et ce qui est essentiel, un candidat d'une minorité ne pourra se présenter comme candidat de la majorité et profiter comme tel du nombre de voix accordé à la majorité dans la répartition proportionnelle entre les partis, ou s'il le fait, il ne le pourra qu'en recueillant un nombre important des voix de sa minorité, voix comptées ainsi au compte de la majorité, ce qui dégarnirait d'autant celle-là au profit de celle-ci, de sorte qu'il y aura compensation de parti à parti.

Nous ne rétablissons pas ainsi le scrutin d'arrondissement. L'inconvénient de celui-ci c'est qu'il ne permet pas d'élire de candidat en dehors de l'arrondissement en fait, car les voix au profit d'un tel candidat seraient des voix perdues ; c'est que, d'autre côté, l'unité de collège national y étant brisée, un candidat ne peut joindre ensemble pour les totaliser à son profit les voix qu'il a recueillies dans différents arrondissements. Or chaque électeur peut nommer un candidat habitant hors de l'arrondissement en lui donnant son premier et son second suffrage, et ces voix ne sont pas perdues pour le candidat, le collège étant national, il peut additionner celles qu'il a recueillies dans toute la France, à savoir : celles résultant du troisième suffrage dans l'arrondissement qu'il habite, et celles résultant du premier et du second suffrage dans tous les autres arrondissements. Tel est précisément l'avantage de la triplicité du suffrage.

Comment contraindre en fait chaque électeur à donner son troisième suffrage à un candidat local ? Par une sanction bien simple et très juste, la nullité du suffrage entier en cas de contravention à cette règle. Si le bulletin contient trois noms de candidats non-locaux, aucun de ces trois noms ne sera compté ; comme les noms comptés entrent seuls en ligne de compte pour la répartition des partis, cette répartition ne se fera que d'après le dépouillement des bulletins contenant un candidat local, ce qui intéressera l'électeur à se conformer à cette prescription essentielle.

Il ne s'agit plus que de déterminer les conditions de la lutte entre les candidats d'un même parti : ils concourront désormais entre eux sur toute la surface de la France, et pourront pour ce concours recueillir des voix partout. Mais pour égaliser davantage les conditions de cette lutte, il faut, en outre, qu'en tant que candidats locaux ils se trouvent chacun devant la même masse d'électeurs locaux. Or les arrondissements ne renferment pas tous le même nombre d'électeurs, et supposons qu'un parti compte la même proportion d'adhérents dans deux arrondissements, par exemple les 2/3, mais qu'un des arrondissements comprenne 30,000 et l'autre 40,000 votants ; l'un, de par la circonscription même, aura 20,000 et l'autre 26,666 suffrages, et le second l'emportera fatalement abstraction faite bien entendu, de la possibilité que le premier ait recueilli dans d'autres arrondissements, d'autres suffrages qu'il pourra joindre. Pour égaliser les conditions de lutte, il faut des arrondissements égaux ; on ne peut les égaliser en nombre d'électeurs effectifs exactement, mais on peut y parvenir approximativement en les égalisant en nombre d'électeurs inscrits. En d'autres termes l'arrondissement sera remplacé par la circonscription électorale, mais ayant pour base l'arrondissement préexistant.

On a, sans doute, abusé jadis des circonscriptions en les taillant arbitrairement, mais, cet abus est facile à empêcher. Pour égaliser les arrondissements on ne devra prendre que des cantons ou des communes limitrophes à l'arrondissement et contigüs entre eux ; la délimitation devra se faire tous les dix ans, et par un pouvoir désintéressé dans la question, par le pouvoir judiciaire, agissant ici comme pondérateur et dans le sens des attributions constitutionnelles qui lui sont données dans les États-Unis d'Amérique.

En vain dira-t-on, qu'un candidat local de majorité peut se trouver dans sa circonscription en face d'une minorité plus forte que celle opposée à son concurrent du même parti dans une autre circonscription. Il faut répondre qu'il peut compenser cette infériorité inéluctable en recueillant un des deux premiers suffrages dans d'autres circonscriptions, et que d'ailleurs il est juste qu'une circonscription où tel parti est plus fort fasse triompher son candidat par préférence à telle autre circonscription où ce même parti est moins fort.

Nous croyons avoir répondu aux objections, et complété au point de vue pratique notre système de représentation proportionnelle. Il se résume en ceci :

Chaque électeur dépose dans l'urne un suffrage contenant trois votes ; le dernier doit, sous peine de nullité du tout, porter sur un candidat domicilié dans la circonscription qui égalise l'arrondissement.

Chaque candidat a dû indiquer d'avance son parti politique et sa nuance, ou est classé d'office comme indépendant.

Le collège électoral est national et unique ; on doit joindre les voix recueillies dans toute la France.

Le nombre des députés est réparti proportionnellement et exactement entre chaque parti suivant le résultat général.

Dans l'intérieur de chaque nuance, c'est la majorité relative quelle qu'elle soit, qui l'emporte, et sans qu'il y ait jamais un second tour de scrutin.

114

9 782014 064292